RATUS POCHE

COLLECTION DIRIGÉE PAR JEANINE ET JEAN GUION

Les mensonges de Ratus

Les aventures du rat vert

- Le robot de Ratus
- Les champignons de Ratus
- Ratus raconte ses vacances
- Ratus et la télévision
- Ratus se déguise
- Les mensonges de Ratus
- Ratus écrit un livre
- L'anniversaire de Ratus
- Ratus à l'école du cirque
- Ratus et le sapin-cactus
- Ratus et le poisson-fou
- Ratus chez le coiffeur
- Ratus et les lapins
- Ratus aux sports d'hiver
- Ratus pique-nique
- Ratus sur la route des vacances
- La grosse bêtise de Ratus
- Ratus chez les robots
- Ratus à la ferme
- La classe de Ratus en voyage
- Ratus en Afrique
- Ratus et l'étrange maîtresse
- Ratus à l'hôpital
- Ratus et la petite princesse
- Ratus et le sorcier
- Ratus gardien de zoo

 ISSN 1259 4652, ISBN 2-218 74536-4

Les mensonges de Ratus

Une histoire de Jeanine et Jean Guion
illustrée par Olivier Vogel

HATIER

Ratus
Mina, Marou, Victor
Jeannette
la maîtresse d'école

Les personnages de l'histoire

C'est lundi. Cette semaine, Ratus est en vacances. Il doit aller chez sa grand-mère, car il a promis de l'aider à ranger sa cave. Mais il n'en a pas envie !

Il lui téléphone :

– Allô, Mamie. J'ai mal au ventre. Le docteur est venu. Il dit que je dois rester couché.

– Pauvre petit Ratounet ! dit Mamie Ratus.

Quand Belo téléphone, que répond Ratus ?

Le mardi, les chats ne sont pas là.
Ratus a promis de ramasser les haricots 1
dans le jardin de Belo.

Le soir, à son retour, Belo téléphone au rat vert :

– Tu n'es pas venu ?

– Je n'ai pas pu, répond Ratus.
J'avais mal à la tête. J'ai un virus. Le 2
docteur dit que je ne dois pas me
baisser. 3

– Soigne-toi bien, dit Belo.

Quel mensonge Ratus raconte-t-il à Victor ?

Le mercredi, Victor a organisé un
cross. Il a inscrit Ratus, mais le rat 4
vert n'aime pas courir ! Il téléphone,
juste au moment où Victor va sortir :

– Allô, Victor ? Je suis tombé de vélo et je me suis fait très mal au genou.

– C'est grave ?

– Oui, ment Ratus. Je ne peux plus 5
marcher.

– Repose-toi bien et soigne ton genou, dit Victor.

Que dit le répondeur de Ratus ?

Le jeudi, Ratus doit aller chez Jeannette pour faire une dictée. Mais Ratus n'aime pas faire des dictées.
Alors, il a branché son répondeur. 6
Quand Jeannette téléphone, elle entend :

– *Ratus est chez le docteur. Un chien l'a mordu à la main. Il ne peut pas écrire.*

« Pauvre Ratus, pense Jeannette. »

Que raconte Ratus au marchand de fromage ?

Chaque vendredi, Ratus passe chez
monsieur Labique pour payer les 7
fromages qu'il a achetés. Comme il n'est toujours pas venu à six heures du soir, le fromager lui téléphone :

– J'ai eu un accident de moto, 8
répond le rat vert. Ma moto est toute cassée…

– Tu n'as pas de chance, dit le marchand de fromage.

Ratus parle de sa grand-mère. Que dit-il ?

Samedi, les chats décident de visiter
le nouveau musée de la ville. 9

– Viens avec nous, dit Mina à Ratus.

– Victor sera là, ajoute Marou.

– Je dois aller voir ma grand-mère, dit le rat vert. Elle est malade.

Ratus ferme ses volets, comme s'il partait. Mais il reste chez lui et s'installe devant son poste de télévision.

Dans l'histoire, qui n'est pas allé au musée ?

Au musée, il y a beaucoup de monde.

– Ratus n'est pas venu ? demande Jeannette.

– Non, dit Mina. Il est allé voir sa grand-mère qui est malade.

– Ratus aussi a été malade, dit Belo.

– Il est tombé de vélo et s'est fait mal au genou mercredi, dit Victor.

– Et hier, il a eu un accident de moto, ajoute monsieur Labique.

À ce moment-là, qui voit-on arriver ? Mamie Ratus ! Elle est avec le médecin du rat vert…

Qui dit que Ratus a menti ?

– Mais, vous n'êtes pas malade ? s'étonne Belo.

– Je suis en pleine forme ! répond la grand-mère. Ratus a menti.

Tout le monde parle en même temps :

– Il n'avait pas mal à la tête ?

– Il n'est pas tombé de vélo ?

– Il ne s'est pas fait mordre ?

– Il n'a pas eu d'accident de moto ?

Eh, non ! Ratus a raconté de gros mensonges...

Où Ratus va-t-il tomber ?

Le lendemain dimanche, Ratus s'amuse dans son jardin. Sur une table, il a posé une chaise où il s'est perché. 10
Il joue à l'acrobate. 11

Tout à coup, patatras ! Il glisse et tombe sur son cactus.

– Aïe ! Au secours ! hurle-t-il.

À côté, chez les chats, personne ne bouge.

– Laissons-le, dit Belo, c'est encore un mensonge.

Que se passe-t-il, à la fin de l'histoire ?

Ratus a mal. Il appelle le médecin :

– Docteur, venez vite enlever les épines de cactus qui sont plantées dans mes fesses !

Le médecin éclate de rire et raccroche. Il pense :

« C'est encore un mensonge ! »

Ni Mamie Ratus, ni Jeannette, ni Victor ne veulent venir. Ils ne croient plus Ratus.

Pourtant, cette fois, ce n'est pas un mensonge. Et le pauvre Ratus doit enlever tout seul ses épines de cactus !

1

les **haricots**
(on prononce :
a-ri-co,
lé-a-ri-co)

2

un **virus**
Un virus donne des maladies, comme la grippe.

3

se **baisser**
(on prononce :
bé-sé)

4

un **cross**
C'est une course à pied dans la campagne.

il a **inscrit**
Victor a écrit le nom de Ratus dans la liste de ceux qui font le cross.

5

Ratus **ment**
(on prononce :
man)
Il dit un mensonge.

6

il a **branché**
Il a mis son répondeur en marche.

un **répondeur**
C'est un appareil qui répond au téléphone quand on n'est pas là.

7

payer
(on prononce : *pai-ié*)

8

un **accident**
(on prononce : *ac-si-dan*)

9

un **musée**
Dans un musée, on peut voir des objets intéressants, réunis ensemble : des tableaux, par exemple.

10

il s'est **perché**
Il a grimpé sur quelque chose, le plus haut possible.

11

un **acrobate**
C'est un artiste de cirque qui fait ses numéros en équilibre sur quelque chose.

Les aventures du rat vert

- 1 Le robot de Ratus
- 3 Les champignons de Ratus
- 6 Ratus raconte ses vacances
- 8 Ratus et la télévision
- 15 Ratus se déguise
- 19 Les mensonges de Ratus
- 21 Ratus écrit un livre
- 23 L'anniversaire de Ratus
- 26 Ratus à l'école du cirque
- 29 Ratus et le sapin-cactus
- 36 Ratus et le poisson-fou
- 1 Ratus chez le coiffeur
- 2 Ratus et les lapins
- 9 Ratus aux sports d'hiver
- 13 Ratus pique-nique
- 23 Ratus sur la route des vacances
- 27 La grosse bêtise de Ratus
- 38 Ratus chez les robots
- 41 Ratus à la ferme
- 8 La classe de Ratus en voyage
- 12 Ratus en Afrique
- 16 Ratus et l'étrange maîtresse
- 26 Ratus à l'hôpital
- 29 Ratus et la petite princesse
- 31 Ratus et le sorcier
- 33 Ratus gardien de zoo

Les aventures de Mamie Ratus

- 7 Le cadeau de Mamie Ratus
- 39 Noël chez Mamie Ratus
- 3 Les parapluies de Mamie Ratus
- 8 La visite de Mamie Ratus
- 31 Le secret de Mamie Ratus
- 5 Les fantômes de Mamie Ratus

Ralette, drôle de chipie

- 10 Ralette au feu d'artifice
- 11 Ralette fait des crêpes
- 13 Ralette fait du camping
- 18 Ralette fait du judo
- 22 La cachette de Ralette
- 24 Une surprise pour Ralette
- 28 Le poney de Ralette
- 38 Ralette, reine du carnaval
- 4 Ralette n'a peur de rien
- 6 Mais où est Ralette ?
- 20 Ralette et les tableaux rigolos
- 11 Ralette au bord de la mer
- 34 Ralette et l'os de dinosaure

Collection Ratus Poche

Les histoires de toujours

- 27 Icare, l'homme-oiseau
- 32 Les aventures du chat botté
- 35 Les moutons de Panurge
- 37 Le malin petit tailleur
- 26 Le cheval de Troie
- 32 Arthur et l'enchanteur Merlin
- 36 Gargantua et les cloches de Notre-Dame
- 43 La légende des santons de Provence
- 21 L'extraordinaire voyage d'Ulysse
- 27 Robin des Bois, prince de la forêt
- 36 Les douze travaux d'Hercule

Super-Mamie et la forêt interdite

- 39 Super-Mamie, maîtresse magique
- 42 Au secours, Super-Mamie !
- 37 Le mariage de Super-Mamie
- 39 Super-Mamie s'en va-t-en guerre !

L'école de Mme Bégonia

- 11 Drôle de maîtresse
- 14 Au secours, le maître est fou !
- 16 Le tableau magique
- 25 Un voleur à l'école
- 33 Un chien à l'école

La classe de 6e

- 14 La classe de 6e et les hommes préhistoriques
- 17 La classe de 6e tourne un film
- 24 La classe de 6e au Futuroscope
- 30 La classe de 6e découvre l'Europe
- 35 La classe de 6e et les extraterrestres

Achille, le robot de l'espace

- 31 Les monstres de l'espace
- 33 Attaque dans l'espace
- 34 Les pirates de l'espace
- 19 Les pièges de la cité fantôme

Collection Ratus Poche

Baptiste et Clara

- 30 Baptiste et le requin
- 35 Baptiste et Clara contre le vampire
- 37 Baptiste et Clara contre le fantôme
- 40 Clara et la robe de ses rêves
- 22 Baptiste et Clara contre l'homme masqué
- 32 Baptiste et le complot du cimetière
- 38 Clara superstar

Les enquêtes de Mistouflette

- 9 Mistouflette et le trésor du tilleul
- 30 Mistouflette sauve les poissons
- 34 Mistouflette et les chasseurs
- 5 Mistouflette et les tourterelles en danger
- 24 Mistouflette enquête au pays des oliviers
- 1 Mistouflette contre les voleurs de chiens
- 7 Mistouflette et la plante mystérieuse

Hors séries

- 2 Tico fait du vélo
- 4 Tico aime les flaques d'eau
- 5 Sino et Fanfan au cinéma
- 12 Le bonhomme qui souffle le vent
- 7 Mon copain le monstre
- 19 Le petit dragon qui toussait
- 28 Nina et le vampire
- 2 Les malheurs d'un pâtissier
- 3 Karim et l'oiseau blanc
- 4 Timothée et le dragon chinois
- 6 Le facteur tête en l'air
- 9 Romain, graine de champion
- 10 Le trésor des trois marchands
- 15 Une nuit avec les dinosaures

Maquette Jean Yves Grall, mise en page Joseph Dorly

Imprimé en France par Pollina s.a., 85400 Luçon - n° 90879
Dépôt légal n° 38148 - septembre 2003